AF602991

CATALOGUE

DES

BEAUX BRONZES

DES XVIIe ET XVIIIe SIÈCLES

Bustes de Louis XIII et de Louis Dauphin

Grandeur nature

Autres Bustes, Statuettes, Pendules

TABLEAUX ANCIENS

Portraits de l'École française

AQUARELLES, GRAVURES, EAUX-FORTES, CADRES SCULPTÉS

SCULPTURES EN MARBRE

Porcelaines de Chine, du Japon, etc.

Pièces montées en bronze, Bronzes d'ameublement

MEUBLES ANCIENS

COLLECTION ZOOLOGIQUE

Provenant du Château de X***

ET DONT LA VENTE AURA LIEU

HOTEL DROUOT, SALLE N° 8

Les Lundi 25, Mardi 26 et Mercredi 27 Mars 1889, à 2 heures

COMMISSAIRE-PRISEUR

Me JULES BERLOQUIN

37, rue Le Peletier, 37

EXPERTS

M. CH. MANNHEIM
7, rue Saint-Georges, 7

M. E. FÉRAL
54, rue du Faubourg-Montmartre, 54

M. MAINGONNAT
37, rue Richer, 37

EXPOSITION PUBLIQUE

Le Dimanche 24 Mars 1889, de 1 heure à 5 heures

Du... Age

D 5412

CONDITIONS DE LA VENTE

Elle sera faite au comptant.

Les acquéreurs payeront en sus des enchères *cinq pour cent*, applicables aux frais.

L'exposition mettant le public à même de se rendre compte de l'état des objets, il ne sera admis aucune réclamation une fois l'adjudication prononcée.

ORDRE DES VACATIONS

Lundi 25 Mars 1889.

Eaux-fortes, Gravures, Aquarelles, Tableaux.

Mardi 26 Mars 1889.

Porcelaines, Marbres, Bronzes, Objets divers, Meubles.

Mercredi 27 Mars 1889.

Fin des Meubles et Collection zoologique.

Paris. — Imprimerie de l'Art, E. Ménard et Cie, 41, rue de la Victoire, 41

25 Mars 1889.

P

VENTE DES LUNDI 25, MARDI 26 ET MERCREDI 27 MARS 1889

HÔTEL DROUOT, SALLE Nº 8

TRÈS BEAUX BRONZES

DES XVIIe ET XVIIIe SIÈCLES

TABLEAUX ANCIENS

JOLIES SCULPTURES EN MARBRE

Meubles anciens

COLLECTION ZOOLOGIQUE

EXPOSITION PUBLIQUE

Le Dimanche 24 Mars 1889

DE 1 HEURE 1/2 A 5 HEURES 1/2

COMMISSAIRE-PRISEUR

Mᵉ JULES BERLOQUIN

37, rue Le Peletier, 37.

EXPERTS

M. Ch. MANNHEIM

7, rue Saint-Georges, 7.

M. E. FÉRAL

54, Faubourg-Montmartre, 54.

M. MAINGONNAT

37, rue Richer, 37.

EXEMPLAIRE DE H. STETTINER

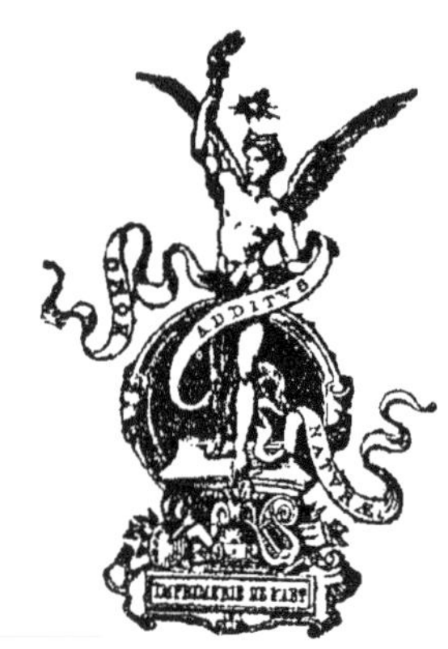
ADDITVS
NATVRÆ

DÉSIGNATION DES OBJETS

TABLEAUX

1 — **Clouet** (Genre de). Portrait de Marie Stuart.

2 — **De Troy** (Genre de). Portrait de femme, en robe grise, avec guirlande de fleurs en écharpe. Forme ovale, cadre sculpté, à laurier.

3 — **Isabey** (**J.**). Portrait de Mme de B., en costume du temps de l'Empire. Signé : *Isabey 1846*.

4 — **Giraud** (**E.**). Saint Eustache et saint Osmond.

5 — **Gosse** (**N.**). 1826. La Conversion d'un Mahométan.

6 — **Lami** (**Eugène**). Madame la Dauphine à Pontchartrain, en 1829. Signé : *Eugène Lami 1845*.

7 — **Largillière** (**Nicolas de**). Portrait de jeune femme, en buste, avec fleurs dans ses cheveux, qui sont poudrés; robe de soie rouge, doublée jaune; garniture en dentelle, forme ovale. Cadre ancien, en bois sculpté et doré.

8 — **Largillière** (Attribué à). Portrait de femme, à mi-corps, robe en brocart. Époque Louis XIV. Forme ovale, cadre ancien en bois sculpté et doré.

9 — **Largillière** (**École de**). Portrait de jeune femme, coiffée d'une toque rose à plumes blanches; robe rose, brodée d'or. Forme ovale. Cadre ancien en bois sculpté.

10 — **Lépaulle**. 1831. Scène de famille.

11 — **Lesueur** (D'après). Le Christ à la colonne.

12 — **Martin** (Atelier des). Assemblée présidée par le roi Louis XIV.

13 — **Porbus** (D'après). Portrait d'Henri IV.

14 — **Raphael** (D'après). La Vierge au linge. Cadre sculpté.

15 — **Raphael** (D'après). Sainte Marguerite.

16 — **Rigaud** (Attribué à). Portrait de Louis, Dauphin de France, à mi-corps, revêtu de l'armure, tenant un bâton de commandement. Cadre ancien en bois sculpté et doré.

17 — **Rigaud** (D'après). Portrait de Louis, duc de Bourgogne. Forme ovale.

18 — **Santerre**. Portrait d'Adélaïde de Savoie, duchesse de Bourgogne; robe blanche et manteau rose. Forme ovale.

19 — **Turpin de Crissé** (Comte). La Piazzetta et le Palais des Doges.

20 — **Turpin de Crissé** (Comte). Ruines de Rome.

21 — **Vernet (Carle)**. Cavalier tenant par la bride un cheval blanc. Signé. Cadre ancien, en bois sculpté.

22 — **École allemande** (xve siècle). Quatre panneaux étroits : la Salutation angélique et deux Saints, dans des cadres de style gothique.

23 — **École bolonaise**. La Communion de la Madeleine. Cadre sculpté et doré, à laurier.

24 — **École française** (XVIIIe siècle). Portrait de femme, robe de soie grise avec écharpe rose. Forme ovale; cadre sculpté à bouquets de marguerites.

25 — **École française**. Portrait de Louis XIV, jeune, revêtu de l'armure, portant l'ordre du Saint-Esprit, une main appuyée sur le bâton de commandement. Cadre sculpté, à motifs de fleurs.

26 — **École française**. Portrait de jeune femme en robe de soie blanche, à ramages. Forme ovale. — Cadre à fleurs.

27 — **Inconnu**. — Suite de trois tableaux représentant des sujets historiques où se voient des rois de France.

AQUARELLES

28 — **Birmann**. Deux vues de Suisse. Grandes aquarelles.

29 — **Ciceri** (1831). La Promenade à Interlacken. Aquarelle.

30 — Deux aquarelles : Vue de village, par *Ciceri*, et Intérieur gothique, par *A. Garnerey*, dans un cadre sculpté.

31 — **Ciceri** (1830). — La Lessive. Aquarelle.

32 — **Ciceri**. Vue de ville. Aquarelle.

33 — **Isabey** (**J**.). La Prière au tombeau. Sépia.

34 — **Mennessier** (**A.**). Le Chariot. Sépia.

35 — **Henri Somm**. Deux dessins à la plume.

36 — Deux grandes gouaches de l'École italienne : compositions mythologique d'après le Guide, dans des bordures à médaillons et arabesques.

37 — Aquarelle. Portrait de Marie-Adélaïde de Savoie, dauphine de France.

38 — Aquarelle. Portrait d'Élisabeth, fille du duc d'Orléans, régent.

39 — Cadre Louis XIV ancien, en bois sculpté et doré, contenant une aquarelle.

40 — Plusieurs aquarelles sous ce numéro.

GRAVURES ENCADRÉES

41 — **Carle Vernet** (D'après). Le Grand Départ de chasse; cheval sortant de l'écurie; sujets de chasse et de sport, etc., etc.

42 — **Horace Vernet** (D'après). Le Duc d'Orléans passant en revue le 1er régiment de hussards; sujets militaires, etc.

43 — Préparatifs d'une poule entre cinq chevaux; grande pièce à l'aquatinte, par *Debucourt*, d'après *C. Vernet.*

44 — Calèche se rendant au rendez-vous de chasse, grande pièce par *Debucourt*, d'après *Carle Vernet.*

45 — Exercices de Franconi, deux pièces par *Debucourt*, d'après *Carle Vernet.*

46 — Suite de pièces en couleur, d'après *G. Morland.*

47 — Pièces de l'École anglaise, d'après Wilkie; la Politique au village; le Receveur de rentes.

48 — Gravures encadrées : Portraits, le duc d'Angoulême, par *Jazet*, d'après Kinson : Louis-Philippe, par ***Henriquel-Dupont***, d'après Gérard, etc.

49 — Daphnis et Chloé, par *Laugier;* François Ier et Marguerite de Navarre, par *Desnoyers ;* la Mort d'Hippolyte, par *Godefroy ;* le Zéphir, d'après *Prudhon*, par *Laugier ;* la Vierge au linge, par *Desnoyers*, etc.

50 — Suite de gravures : Carrousels et tournois, par Israël Sylvestre ; pièces diverses, etc.

51 — Environ cent trente eaux-fortes encadrées de l'École moderne. (Seront divisées sous ce numéro.)

PORCELAINES

PIÈCES MONTÉES EN BRONZE

52 — Deux cornets en porcelaine ancienne du Japon, à décor d'oiseaux, de fleurs et d'ornements en bleu, rouge et or; monture en bronze.

53 — Coupe formée d'un bol en Japon, ave

monture de bronze, à anses figurées par des dragons.

54 — Deux potiches couvertes, à pans, décorées en bleu avec rehauts d'or à froid, dans le goût japonais.

55 — Potiche en Chine, décorée de fleurs d'aubépines en réserves sur fond partiel d'émail vert ; monture en bronze.

56 — Deux grands cornets d'ancienne porcelaine du Japon, décor bleu, rouge et or, avec monture en bronze.

57 — Deux grosses potiches de même porcelaine, montées en bronze.

58 — Deux petits cornets, Japon, montés en bronze.

59 — Guéridon en porcelaine du Japon et en laque.

60 — Jardinière de suspension, formée de couvercles et de bols, en Japon, montés en bronze.

61 — Deux potiches à pans, à décor de branchages fleuris en bleu.

62 — Trois cornets à figures, paysages et lambrequins en bleu.

63 — Trois autres cylindriques.

64 — Deux potiches décorées en bleu, médaillons à figures.

65 — Grand cornet en vieux Chine, décoré en bleu, oiseaux et plantes.

66 — Deux bouteilles en porcelaine de Chine émaillée bleu avec socle et bouchon à figurine chinoise, en bronze doré.

67 — Deux grosses potiches couvertes en ancienne porcelaine de Chine, décorées en bleu, à nombreux compartiments contenant des scènes familières et des jardinières.

68 — Grosse potiche couverte, à médaillons de personnages et branches de fleurs en émaux de couleur sur fond noir.

69 — Potiche côtelée et gaufrée en Japon, à décor de fleurs et de branchages en bleu, rouge et or.

70-71 — Deux vases pots à tabac, décor à lambrequin et bouquets en émaux de couleur ; monture en bronze.

72 — Deux vases couverts, en porcelaine de Chine, à décor polychrome, figures et ornements ; monture de bronze à poignées latérales, de style Louis XIV.

73 — Bouteille émaillée bleu, avec monture en bronze, à dragons rapportés sur l'épaulement.

74 — Plusieurs pièces en porcelaine décorée, montées en bronze.

75 — Cornets, seaux et diverses pièces de porcelaine.

76 — Deux bas-reliefs en faïence émaillée vert : la Mise au Tombeau et la Résurrection, dans des cadres peints en camaïeu.

OBJETS VARIÉS

77-78 — Deux vielles, décorées d'incrustations de bois et d'ivoire, et à cheviller se terminant par des têtes sculptées.

79 — Petite boîte lobée, couverte et sur pieds, en

laque du Japon, doré à fleurs sur fond aventurine.

80 — Deux flambeaux en cristal de roche, à pans, avec monture d'argent, à motifs de fleurs et de rocaille.

81 — Presse-papier et vide-poche, bronze doré et nacre gravée.

82 — Bassin en forme de coquille, en émail peint de la Chine, à ornements multicolores.

83 — Bénitier en bronze, et divers petits objets.

SCULPTURES DE MARBRE

84 — Marbre. Buste de la Vénus de Médicis, la tête en marbre noir, la chlamyde en albâtre oriental. Travail du xviie siècle.

85 — Marbre blanc. Statuette d'enfant assis et jouant avec un dragon, disposé pour servir de fontaine. Travail du xviiie siècle.

86-87 — Marbre. Quatre supports formés de griffons en marbre de couleur avec chapiteaux et bases de marbre blanc.

88 — Bas-relief de marbre tendre relevé de dorure : Groupe d'apôtres.

89 — Figures-appliques d'apôtres, en marbre tendre, avec rehauts de dorure.

90 — Marbre blanc. Buste d'une dame romaine ramenant sur sa poitrine un pan de son manteau. Travail du XVIe siècle ? de style antique.

91 — Marbre. Buste de satyre, en marbre noir, avec peau drapée sur les épaules, en marbre blanc. Piédouche en marbre brèche. Travail italien.

92 — Marbre blanc. Buste grandeur nature, d'un adolescent, coiffé à l'antique, une draperie nouée sur la poitrine.

93 — Marbre blanc. Buste grandeur nature, de jeune fille, vêtue à l'antique.

94 — Marbre blanc. Buste de personnage à barbe, style antique, grandeur nature.

95 — Marbre blanc. Bas-relief, représentant saint Jean-Baptiste, dans un encadrement sculpté et doré.

96 — Marbre blanc. L'Hermaphrodite, statuette.

97-98 — Quatre grosses gaines carrées, de marbre blanc.

BRONZES

99 — Bronze. Buste, grandeur nature, de Louis Dauphin, la tête tournée de trois quarts, portant une perruque bouclée dont les longues tresses flottent sur les épaules ; il est revêtu d'une riche armure fleurdelisée avec dauphin en relief sur l'épaulière, le cordon du Saint-Esprit traverse la poitrine. Très beau bronze du XVIIIe siècle, sur socle quadrangulaire de marbre.

100 — Bronze. Buste, grandeur nature, du roi Louis XIII, le cou entouré d'une fraise plissée, les épaules couvertes du manteau d'hermine, portant sur la poitrine les ordres de Saint-Michel et du Saint-Esprit. Très beau bronze du XVIIIe siècle, élevé sur socle quadrangulaire en marbre.

101 — Bronze. Statuette de femme costumée à l'antique et ayant un dragon à ses pieds ; bronze muni d'une patine brune. Époque Louis XIV.

102 — Bronze à patine brune : buste de la Vénus de Médicis, élevé sur piédouche en marbre vert de mer.

103 — Bronze. Statuette de Diane chasseresse, d'après l'antique. xviie siècle.

104 — Bronze. Marc-Aurèle, statuette équestre élevée sur socle oblong en marbre rosé.

105 — Bronze. Buste de personnage grec, bronze à patine brune.

106 — Buste de femme ayant un voile fixé dans la coiffure, bronze à patine brune.

107 — Buste grandeur nature de Satyre, bronze à patine brune.

108 — Bronze. Réduction du Voltaire assis de Houdon, sur piédestal de marbre blanc à moulures de cuivre.

109 — Bronze. Statuette du dieu Temps, en bronze à patine brune, tenant une faux de bronze doré, sur plinthe en marbre griotte.

110 — Statue en bronze : Génie les bras élevés, d'après l'antique et formant lampadaire.

111 — Pendule de bronze doré mat, couronnée d'un aigle et flanquée de deux figures assises, modèle connu sous le titre l'Étude. Socle de marbre blanc garni de bronzes.

112 — Pendule de l'Empire, à cadran flanqué de sphinx placé au-dessus d'un portique à colonnes cannelées, bronze ciselé et doré et bois ronceux.

113 — Petit flambeau à deux lumières en bronze rocaille à terrasse supportant une figurine d'homme accroupie en pagodite.

114 — Flambeau de bouillotte de l'Empire.

115 — Buire en bronze de l'Empire, offrant sur la face une figure de femme en bas-relief.

116 — Encrier de l'Empire, composé de trois vases à griffons en bronze doré sur plinthe en marbre.

117 — Deux vases ovoïdes de l'Empire, à corps de bronze vert, col, anses et piédouche de bronze doré.

118 — Candélabres de l'Empire, en bronze doré mat.

119 — Deux aiguières de bronze à médaillons, bustes et ornements Louis XIV, en relief; le anses sont figurées par des chiens dogues.

120 — Deux appliques de cuivre estampé, à deux branches chaque.

121 — Deux flambeaux de bronze, style Renaissance, à tige formée d'une statuette d'Ève.

MEUBLES

122 — Deux entredeux à porte vitrée, en bois noir incrusté de cuivre et d'étain, et garnis d'appliques en bronze. Style Louis XIV.

123 — Commode droite Louis XVI, en marqueterie de bois variés à médaillon, bouquets, guirlandes et feuilles.

124 — Petit bureau en bois noir et marqueterie de cuivre sur écaille, genre Boulle.

125-126 — Deux bureaux de style Louis XV, en bois noir, incrustés de filets de cuivre et garnis de chutes et d'appliques de bronze.

127 — Commode à quatre tiroirs en bois rose incrusté de filets de marqueterie, à tablette de marbre vert de mer.

128 — Deux entredeux en bois noir à deux vantaux pleins, à décor en dorure simulant le laque de Chine.

129 — Autre de travail analogue, garni de cuivre.

130 — Guéridon en bois noir à trois pieds formés de faisceaux de colonnettes reliés par des arcades gothiques. Le dessus est orné de onze dessins à la plume et à la sépia, représentant des scènes de la vie de château par *Isabey*. L'un porte l'inscription : J. Isabey, à Pontchartrain, 1818.

131 — Guéridon de style gothique à dessus formé d'une peinture sous verre, représentant des hommes d'armes et des armoiries.

132 — Meuble à deux vantaux, décoré d'oiseaux et de branches fleuries, en laque de couleur, de style chinois et garni de moulures en bronze.

133 — Coffre du XVIIe siècle, en palissandre ron-

ceux, renforcé et décoré de pentures, d'appliques et d'écoinçons en cuivre découpé.

134 — Entredeux de bois noir garni de cuivres et orné, sur le dessus et sur la porte, de peintures à l'aquarelle.

135 — Bonheur-du-jour en bois noir, incrusté de filets de cuivre et décoré de peintures à l'aquarelle sous verre.

136 — Table à jeu en laque, à décor en dorure sur fond noir.

137 — Belle table rectangulaire en chêne finement sculpté et à pieds carrés reliés par une entretoise à feuillages. Tablette ancienne en marbre brèche d'Alep.

138 — Lavabo de l'Empire, en bois d'acajou garni d'appliques en bronze doré.

139 — Paravent à trois feuilles en acajou garn en tapisserie à la main.

140 — Deux petits paravents de bois noir, avec feuilles de tapisserie au point.

141 — Façade de maison arabe avec fenêtre en

encorbellement, en bois à décor de petits balustres, dit *Moucharabi*.

142 — Grand meuble Louis XIII, à deux corps et quatre vantaux à moulures, cantonné de colonnes torses; la frise est décorée d'oiseaux sculptés en haut-relief.

143 — Grand lit à colonnes en acajou moucheté, avec sa literie.

144 — Paravent à quatre feuilles en bois doré et tendu de soie cerise brochée à dessins blancs.

145 — Petit lit de l'époque Louis XVI, en chêne sculpté, à colonnes, feuillages et cordons de perles.

146 — Quatre supports de bois noir et or.

147 — Quatre fauteuils en bois de noyer, de style gothique, avec sièges de velours vert.

148 — Vingt-quatre chaises de forme Louis XV, à dossiers découpés à jour, en laque noir et or, de style chinois, foncées de canne.

149 — Chaises légères foncées de canne, en bois noir à filets d'or.

150 — Sièges divers.

151 — Table en bois sculpté et rehaussé de dorure, style Renaissance ; ceinture à godrons, pieds formés de cariatides chimériques et reliés par une arcature.

TAPISSERIE, ÉTOFFES

152 — Grande tapisserie du XVIIe siècle, représentant la Famille de Darius aux pieds d'Alexandre, composition d'après Lebrun. Bordure composée de feuillages.

153 — Lot de chapes, chasubles, dalmatiques et vêtements sacerdotaux.

COLLECTION ZOOLOGIQUE

154 — Tête osseuse d'éléphant; défenses, 1 m. 20 cent. Bel ivoire

155 — Deux têtes de rhinocéros; une défense.

156 — Tête de morse; défense, 50 cent.

157 — Trois têtes de buffle montées sur écusson, sans la mâchoire inférieure.

158 — Tète de crocodile osseuse.

159 — Crocodile monté ; 3 mètres.

160 — Crocodile monté; 2 mètres.

161 — Tête d'élan naturalisée.

162 — Trois têtes d'antilope naturalisées.

163 — Quatre têtes de gazelle naturalisées.

164 — Deux têtes de cerf naturalisées.

165 — Deux boas naturalisés.

166 — Deux serpents à lunettes naturalisés

167 — Trois paons naturalisés.

168 — Deux calaos naturalisés.

169 — Deux tètes de pélican naturalisées.

170 — Porte-parapluie sculpté surmonté de deux têtes de cerf avec bois.

171 — Trois bois d'élan sur écusson noyer sculpté, pour trophées de chasse.

172 — Cinq palmes d'élan sur écusson noyer sculpté, pour trophées de chasse.

173 — Trente-sept bois de rennes sur écusson noyer sculpté, pour trophées de chasse.

174 — Trois bois de cerfs sur écusson noyer sculpté, pour trophées de chasse.

175 — Cornes de moufflon.

176 — Cornes d'antilope.

177 — Six cornes d'antilope.

178 — Fémur et tibias d'éléphant.

179 — Sous ce numéro seront vendus les meubles et objets non catalogués.

www.ingramcontent.com/pod-product-compliance
Ingram Content Group UK Ltd.
Pitfield, Milton Keynes, MK11 3LW, UK
UKHW021039260726
13994UKWH00005B/2262

9 782329 495187